Inhalt

Branchenreport CHEMIE & KUNSTSTOFFE
Ausgabe 1/2011

GENIOS BranchenWissen Nr. 05/2011 vom 13.05.2011

Branchenreport CHEMIE & KUNSTSTOFFE Ausgabe 1/2011

Anja Schneider

Kernthesen

- Die chemische Industrie bildet mit einem Umsatz von rund 171 Milliarden Euro und über 414 000 Beschäftigten den viertgrößten Industriezweig in Deutschland.
- Moderates Wachstum ist 2011 angesagt: Die Chemieproduktion soll um 2,5 Prozent, der Umsatz um vier Prozent steigen.
- Die deutsche Chemie ist in Europa die Nummer eins, belegt in der weltweiten Rangliste Platz vier hinter den USA, China und Japan.

- Die Kunststofferzeuger erleben einen Boom mit einem Umsatzplus von rund 29,4 Prozent in 2010. Auch langfristig ist Wachstum angesagt bei einer weltweiten Steigerungsrate von rund neun Prozent.

Beitrag

Die Branche im Überblick - Deutsche Chemiekonjunktur legte 2010 rasant zu

Die deutsche chemische Industrie ist eine wichtige Schlüsselbranche mit Querschnittsbedeutung für die gesamte Wirtschaft. Im Verarbeitenden Gewerbe nimmt sie mit einem Umsatzanteil von 10,7 Prozent den vierten Platz ein hinter Auto, Maschinenbau und Ernährung.

Das **Jahr 2010** stand für die deutsche Chemiebranche ganz im Zeichen einer fantastischen konjunkturellen Erholung. Die **Produktion** wuchs um elf Prozent und steuerte damit auf das Vorkrisenniveau zu, die Kapazitäten sind inzwischen wieder gut ausgelastet, die Ertragslage der Unternehmen ist gut, die Investitionsbereitschaft kehrt zurück.

Der **Branchenumsatz** legte um 17,5 Prozent auf 170,6 Milliarden Euro zu. Der Inlandsumsatz schwächelte noch: Er stieg zwar um 14 Prozent auf 71 Milliarden Euro, lag damit aber noch rund zehn Prozent unter dem Vorkrisenniveau von 2007. Das Geschäft mit den Kunden im Ausland entwickelte sich weit stärker: Es wuchs um zwanzig Prozent auf 99,6 Milliarden Euro und hat damit das Geschäftsvolumen aus der Zeit vor dem Einbruch schon wieder übertroffen.

Die **Exporte**, die neben den Auslandsumsätzen der Chemieunternehmen auch Re-Exporte sowie Chemieexporte anderer Wirtschaftszweige ins Ausland enthalten, stiegen 2010 um 17,5 Prozent auf 143,8 Milliarden Euro. Die größte Dynamik zeigten dabei Asien und Südamerika. Aber auch die europäischen Nachbarländer orderten verstärkt bei den deutschen Chemieunternehmen. Mit zunehmender Stabilisierung der deutschen Industriekonjunktur stiegen auch die **Importe** chemischer Erzeugnisse. Sie lagen mit 100,8 Milliarden Euro 16,5 Prozent höher als ein Jahr zuvor.

Die **Preise** zogen im vergangenen Jahr kräftig an. Im Durchschnitt waren Chemikalien und Pharmazeutika 2010 rund 3,0 Prozent teurer als ein Jahr zuvor. Insbesondere in den rohstoffnahen Sparten kam es laut VCI zu einem Preisanstieg.

Die Zahl der **Beschäftigten** in den deutschen Chemieunternehmen lag 2010 bei durchschnittlich 414 200 Mitarbeitern. Das sind 0,5 Prozent weniger als ein Jahr zuvor.

Im Krisenjahr 2009 hatten die deutschen Chemieunternehmen zahlreiche **Investitionsvorhaben** gestoppt oder verschoben. Der VCI geht davon aus, dass in 2010 die Branche 6,4 Milliarden Euro in Anlagen und Gebäude investiert hat. Das sind fünf Prozent mehr als 2009. [Abb. 1]

Die **FuE-Ausgaben** der chemisch-pharmazeutischen Industrie in Deutschland legten in den letzten zehn Jahren um über 30 Prozent zu - durchschnittlich um fast drei Prozent pro Jahr. Sie kletterten von rund 7,1 Milliarden Euro im Jahr 2000 auf rund 9,4 Milliarden Euro im Jahr 2010. Im laufenden Jahr sollen sie auf knapp zehn Milliarden Euro anwachsen. Unter allen Branchen des Verarbeitenden Gewerbes investiert die chemisch-pharmazeutische Industrie damit am zweitstärksten in Forschung und Entwicklung - nur der Fahrzeugbau investiert mehr (Anteile: Fahrzeugbau 44,7%, Pharma 10,9%, Chemie 7,7%). Zu berücksichtigen ist freilich, dass die FuE-Aufwendungen der pharmazeutischen Industrie aufgrund der teuren Medikamentenentwicklung die der rein chemischen Bereiche deutlich übertreffen. Seit 2000 sind die Pharmaforschungsausgaben um über achtzig Prozent gestiegen - durchschnittlich um über sechs Prozent pro Jahr. Betrachtet man die reine Chemie (ohne Pharma), so liegen die FuE-Ausgaben bei unter vier Milliarden Euro. Jeder zehnte Chemie-Mitarbeiter arbeitet im FuE-Bereich. International gesehen liegt Deutschland bei den FuE-Aufwendungen hinter den USA, Japan und Großbritannien (dank starker Pharmaindustrie!) auf dem vierten Platz. (1), (2), (3)

Im **Gesamtjahr 2011** wird die Branche weiter wachsen, allerdings mit geringerer Dynamik. Die Chemieproduktion soll 2011 um 2,5 Prozent, der Umsatz um 4 Prozent, die Preise um 1,5 Prozent steigen. Der Branchenverband VCI (Verband der Chemischen Industrie) in Frankfurt begründet diese verhaltene Erwartung damit, dass die Wachstumsaussichten der Industrieländer begrenzt seien und die Nachfrage in den Schwellenländern im Jahresverlauf etwas nachlasse. Dies werde sich auf das Exportgeschäft der deutschen Chemieunternehmen auswirken. Viele Länder würden in diesem Jahr einen Sparkurs fahren, um ihre Staatsverschuldung in den Griff zu bekommen. Man werde sehen, wie stark die wirtschaftlichen Auftriebskräfte wirklich seien. Wegen der instabilen Lage in Nordafrika und wegen zunehmender Spekulationen fürchtet die Branche deutliche Preisanstiege bei den Rohstoffen. Beim Erdbeben in Japan sind die japanischen Tochterfirmen der deutschen Chemieunternehmen vergleichsweise glimpflich davon gekommen. Aus den Investitionsplänen der Chemieunternehmen lässt sich dennoch Zuversicht ablesen. Rund 70 Prozent der vom VCI befragten Firmen planen neue Produktionsanlagen in Deutschland. Die Investitionsausgaben im Inland dürften nach Schätzung des Verbands um fünf Prozent auf rund 6,7 Milliarden Euro zulegen. Weitere 6,5 Milliarden Euro, ein Plus von rund zehn Prozent, wollen deutsche Chemieunternehmen im Ausland investieren. (4), (5), (6)

Ausgewählte Sparten der Chemieindustrie im Einzelnen

Den größten Anteil an der Produktionsstruktur der chemischen Industrie haben die Fein- und Spezialchemikalien, gefolgt von den Pharmazeutika und den Kunststoffen (Stand Gesamtjahr 2009). (7), [Abb. 2]

Basischemie, Fein- und Spezialitätenchemie

Traditionell werden in der Chemie die Basischemie, die Fein- und Spezialitätenchemie unterschieden. Basischemieunternehmen wie BASF, Dow oder Dupont liefern tendenziell als Commodities einzuordnende Produkte (z.B. anorganische

Grundchemikalien wie Chlor, organische Grundchemikalien wie Ethylen oder Massenkunststoffe wie Polyurethane). Die Unternehmensgröße, ein effizienter Produktionsprozess mit Skaleneffekten und eine schlanke Supply Chain sind für ihren Erfolg wichtig. Die Feinchemie umfasst im Kern Substanzen für die Arzneimittel- und Agrochemieindustrie. Unternehmen der Spezialitätenchemie wie Degussa, Cognis, Lanxess, Wacker, Altana, H&R Wasag. Rohm & Haas oder die niederländische DSM stellen Güter her, die für den Endkunden kaum direkt sichtbar sind. Spezialchemikalien sind Substanzen, die entweder in der chemischen oder pharmazeutischen Industrie weiterverarbeitet werden oder in anderen Industriezweigen für Spezialeffekte zum Einsatz kommen. Textilfarbstoffe, Autolacke, Kunststoff-Stabilisatoren, Futtermittelzusätze, Klebstoffe oder Waschmittelzusätze sind einige ausgewählte Beispiele.

Diejenigen Chemiesparten, die in der Finanz- und Wirtschaftskrise am stärksten eingebrochen waren, erlebten 2010 die größten Zuwächse. So stieg die Produktion von anorganischen Grundstoffen (wie beispielsweise Chlor oder Schwefelsäure) um 20 Prozent. Petrochemikalien (wie Ethylen, Propylen oder Benzol) legten um 14,5 Prozent zu. Noch besser entwickelte sich das Geschäft mit Kunststoffen. Die

Polymerproduktion (zum Beispiel Polyethylen, PVC oder Chemiefasern) wurde um 22,5 Prozent ausgedehnt. Die Hersteller von Fein- und Spezialchemikalien dehnten ihre Produktion um 15,0 Prozent aus. Die Produktion von Wasch- und Körperpflegemitteln stieg um acht Prozent. Weniger dynamisch entwickelte sich das Pharmageschäft. Die Sparte konnte nicht mehr an ihre hohen Zuwachsraten der Vorjahre anknüpfen. Die Produktion steigerte sich mit rund 0,5 Prozent nur leicht. (2)

Petrochemie: Golfstaaten steigen massiv ins Petrochemiegeschäft ein

Die Petrochemie umfasst die Produktion von chemischen Basisprodukten aus Erdgas oder Erdöl. Wichtigster Produktionsschritt ist das "Cracken", das Aufspalten der Kohlenwasserstoffmoleküle im Rohbenzin (Naphtha) oder Erdgas in kleinere chemische Grundbausteine. Dazu wird in großtechnischen Anlagen, den "Steam-Crackern", Naphtha mit Dampf kurzzeitig erhitzt, wodurch Ethylen, Propylen sowie eine Reihe weitere Basischemikalien entstehen.

Als großer Aufsteiger im internationalen Petrochemiegeschäft gilt die Golfregion. Allen voran Saudi-Arabien, doch auch Bahrain, Katar, Kuwait, Oman und die Vereinigten Arabischen Emirate wollen ihre auf Öl basierende Wirtschaftsstruktur diversifizieren und sich zum weltweit führenden Petrochemiestandort entwickeln. Dazu bauen sie große Petrochemie-Anlagen in ihrer Region auf, kaufen sich in Firmen der Chemiebranche in Europa und den USA ein und öffnen den heimischen Markt für Gemeinschaftsunternehmen mit internationalen Chemiekonzernen. Für die deutschen Anlagen- und Maschinenbauer bringt diese Entwicklung als Nebeneffekt gute Absatzchancen mit sich. Technik, Ausrüstung, Lizenzen, Know-how, Management und Wartung werden für die Expansion der Raffinerien und petrochemischen Komplexe sowie zur Weiterverarbeitung zu Endprodukten ins Land geholt. Viele Milliarden US-Dollar werden investiert. Branchenexperten rechnen schon bald mit Überkapazitäten und einem Margenverfall bei Petrochemieprodukten. Das Petrochemiegeschäft etablierter westlicher Konzerne wie BASF, Dow Chemicals oder Lyondell-Basell steht demzufolge mächtig unter Druck. Prompt sind eine Strategieänderung hin zur höherwertigen Spezialitätenchemie und ein Rückzug aus der Petrochemie zu beobachten. (8)

Kunststofferzeugung: Nachfrageboom und Preisexplosion

Die deutschen Kunststoffproduzenten kämpften in 2008 und 2009 mit einem schweren Nachfrageeinbruch. Die schnelle Konjunkturerholung im vergangenen Jahr 2010 führte dazu, dass die Hersteller jetzt einen regelrechten Boom erleben. Die Anlagenkapazitäten reichen kaum aus, es kommt zu Engpässen und langen Lieferzeiten für die Weiterverarbeiter. Neue Anlagenkapazitäten wurden in den vergangenen zehn Jahren kaum in Europa oder den USA aufgebaut, sondern vor allem in Asien. Die Preise für viele Kunststoffe legen massiv zu und haben laut Fachmagazin "Kunststoff Information" (KI) das bisherige Rekordniveau vom Sommer 2008 - als der Ölpreis bei über 140 Dollar je Barrel lag - überschritten. Neben technischen Kunststoffen sind auch diverse Standardprodukte wie Polyethylen, Polypropylen und Polyamid betroffen. Die Kunststoffsparten der Hersteller verbuchen derzeit sehr gute Gewinne. Nach Schätzungen des Verbandes Plastics Europe Deutschland e.V. stieg die Produktion 2010 um 18,8 Prozent auf 20,7 Millionen Tonnen. Auch die Umsätze kletterten auf rund 23,4 Milliarden Euro, ein Plus von 29,4 Prozent. Lediglich auf die Beschäftigtenzahlen wirkte sich der Boom noch nicht aus. Sie gingen in 2010 noch leicht zurück auf rund 36 700 Beschäftigte. (9), (23)

Weltweit werden rund 230 Millionen Tonnen Kunststoff pro Jahr produziert (Stand 2009). Bis 2015 sollen es 330 Millionen Tonnen sein, diese Angaben macht die PlasticsEurope Market Research Group. Zu den bekannten Global Playern in der

Kunststofferzeugung zählen BASF, Bayer Material Science, Lyondell-Basell, Dow Chemical, DSM, DuPont, Solvay.

In Europa werden rund 55 Millionen Tonnen Kunststoff jährlich hergestellt. Deutschland erreicht mit rund 17 Millionen Tonnen einen Anteil von etwa 7,5 Prozent am weltweiten Kunststoffausstoß. Innerhalb Europas gilt Deutschland als Kunststoffhochburg bei Produktion, Umsatz, Investitionen und Forschungs- und Entwicklungsaktivitäten. Die rund fünfzig deutschen Kunststofferzeuger mit ihren rund 45 700 Beschäftigten zeichnen sich vor allem durch innovative Kunststoffe und Spezialitäten aus. Sie werden in über vierzig Chemie- und Kunststoffclustern und etwa 28 auf Polymer-Produktion und -Weiterverarbeitung spezialisierten Chemieparks entwickelt und hergestellt. (10)

Die wesentlichen Einsatzfelder für Kunststoffe sind Verpackungen (z.B. Beutel, Tüten, Hüllen, Folien, Flaschen, Kanister), der Bau (z.B. Dämmmaterialien, Kunststofffenster, -rohre) und die Fahrzeugindustrie. Auch Solarzellen, Windräder und Elektroautos könnten ohne die Innovationen der Kunststoffindustrie kaum hergestellt werden. Moderne Kunststoffe ermöglichen innovative Gebäude- und Infrastrukturlösungen im Städtebau, gewährleisten sicheren und hygienischen Transport von Wasser, Lebensmitteln und anderen Konsumgütern, eröffnen neue Ideen für nachhaltige Mobilitätskonzepte im Personen- oder Gütertransport und vieles mehr. (11)

Standard-Kunststoffe werden auch zukünftig die größte Materialgruppe darstellen und mittelfristig mit rund fünf Prozent pro Jahr wachsen. Betrachtet man den Verbrauch, so hat das Polyethylen weltweit einen Marktanteil von 31 Prozent, gefolgt von Polypropylen mit 21 Prozent und PVC mit 17 Prozent. Ein leicht stärkeres Wachstum von fünf bis sieben Prozent erwartet die Branche für die technischen Kunststoffe. Sie sind vor allem für den Automobilbau, die Industrie und die Medizintechnik von zunehmender Bedeutung.

Chemiehandel: Rohstoffverfügbarkeit bereitet Sorgen

Der deutsche Chemikalien-Groß- und Außenhandel konnte im Jahr 2010 die Wirtschaftskrise hinter sich lassen. Der Umsatz kletterte um 20 Prozent auf 11,6 Milliarden Euro, die Mengen nahmen um rund 15 Prozent zu. Deutscher Branchenführer ist Brenntag AG. Sorge bereitete der Branche laut ihres Verbandes Chemiehandel, Köln, die teilweise mangelnde Verfügbarkeit von Rohstoffen. Ursachen sind der gestiegene Bedarf auf dem Weltmarkt, die Verknappung von Rohölfolgeprodukten, politisch motivierte Lieferengpässe (Seltene Erden),

Anlagenausfälle und -stilllegungen und die infolgedessen gestiegenen Rohstoffpreise, verschärft durch Spekulationseffekte. (12)

Anbieterstruktur und Marktführer

Rund 2 000 Unternehmen gehören in Deutschland zur chemischen Industrie. Über neunzig Prozent davon sind kleine und mittlere Unternehmen. Sie beschäftigen jeden dritten Chemiearbeiter und tragen mehr als jeden vierten Euro zum Chemieumsatz bei.

In der Kunststoffindustrie insgesamt (Erzeuger, Verarbeiter, Maschinenbau) gibt es 3 950 Unternehmen. Sie beschäftigen 446 500 Mitarbeiter und erwirtschaften einen Umsatz von rund 90 Milliarden Euro. Rund fünfzig Unternehmen sind in der Kunststofferzeugung tätig.

Im laufenden Jahr wird der Umbau der Chemiebranche weitergehen. Dies zeigen die noch zum Jahresausklang und zum Jahresbeginn angekündigten Unternehmenszukäufe und -verkäufe. Das Geschäft mit höherwertigen Chemiespezialitäten soll gestärkt werden, aus den Basis- und Standardchemikalien hingegen ziehen sich etliche Konzerne sukzessive zurück. Die Unternehmenslenker haben die Wachstumspotenziale, die ihnen die prosperierenden Regionen im asiatisch-pazifischen und lateinamerikanischen Raum bieten, fest im Blick. In Zusammenarbeit mit den regional führenden Konzernen sollen in den kommenden Jahren weitere Produktionskapazitäten für die Chemieproduktion aufgebaut werden.

Der Schweizer Chemiekonzern Clariant will die Süd-Chemie übernehmen, der amerikanische Konzern Dupont will den dänischen Enzym-Hersteller Danisco zukaufen, und auch die niederländische DSM-Gruppe, der deutsche Kautschukhersteller Lanxess und der belgische Konzern Solvay signalisieren Interesse an Zukäufen. (13)

Zu den **Top 5-Unternehmen der deutschen Chemieszene** zählen **BASF**, **Bayer**, der Gesundheitskonzern **Fresenius**, der Konsumgütermischkonzern **Henkel** und **Evonik**. Dahinter folgen **Boehringer Ingelheim** (Pharma!), der Industriegaseanbieter **Linde**, **Merck KGaA**, **Beiersdorf** und **Lanxess**. (14)

Zu den **Top Chemieherstellern der Welt** zählen BASF (Deutschland), Ineos (GB), Dow Chemical (USA), Bayer (D, inkl. Pharma), Reliance (Indien) wie auch Basell-Lyondell (USA), Mitsubishi Chem. (Japan), Sabic (Saudi-Arabien), Akzo Nobel (NL) oder auch Sinopec (China). Unter den weltgrößten Chemiekonzernen werden häufig auch Mineralölkonzerne wie Shell, Exxon, Total, Sinopec,

Petrobras u.a. gelistet. (15), [Abb. 3]

BASF, Weltmarktführer und Aushängeschild der deutschen Chemiebranche, beschloss das Jahr 2010 erfolgreich mit einem Umsatz in Höhe von 63 Milliarden Euro und einem operativen Gewinn von mehr als acht Milliarden Euro. Für 2011 halten Analysten einen Anstieg um je rund zehn Prozent für möglich. In der Asien-Pazifik-Region will BASF zwischen 2009 und 2020 den Umsatz auf 20 Milliarden Euro verdoppeln und bis 2013 rund zwei Milliarden Euro investieren.

BASF 2010: Umsatz 63,9 Milliarden Euro (plus 26 Prozent), EBITDA (Ergebnis der Betriebstätigkeit vor Abschreibungen) 11,1 Milliarden Euro (plus 50,7 Prozent), EBIT (Ergebnis der Betriebstätigkeit vor Sondereinflüssen) 8,1 Milliarden Euro (plus 67,7Prozent), 109 140 Mitarbeiter (plus 4,2 Prozent, inkl. Cognis), Geschäftsbereiche (Anteil): Chemicals (20 Prozent), Plastics (17 Prozent), Performance Products (21 Prozent), Functional Solutions (75 Prozent), Agricultural Solutions (7 Prozent), Oil & Gas (18 Prozent). (16)

Auch Pharma- und Chemiekonzern **Bayer** will am dynamischen Wachstum des asiatisch-pazifischen Raums stärker teilhaben und strebt dort eine Umsatzverdoppelung auf fünf Milliarden Euro bis 2015 an. Die Produktionskapazitäten für hochwertige Kunststoffmaterialien in Schanghai sollen erweitert werden. Investitionen von rund einer Milliarde Euro sind geplant. (17)

Bayer 2010: Umsatz 35,1 Milliarden Euro (plus 12,6 Prozent), EBITDA 6,3 Milliarden Euro (plus 8,1 Prozent), EBIT 2,7 Milliarden Euro (plus 9,2 Prozent), 111 400 Mitarbeiter, Geschäftsbereiche: Health Care (50 Prozent), Crop Science (20 Prozent), Material Science (30 Prozent). (18)

Evonik, Chemiespezialist der früheren RAG und aktuelle Nummer drei im deutschen Chemiegeschäft, will seine Chemiesparte vor allem mit Spezialitäten weiter ausbauen. Auch andere namhafte deutsche Chemieanbieter setzen verstärkt auf das Spezialitätengeschäft. Merck KGaA hat sich mit seinen Flüssigkristallen für Flachbildschirme eine lukrative Marktnische in der Chemie gesichert und hat dort einen Weltmarktanteil von zwei Dritteln. Lanxess konzentriert sich zunehmend auf Spezialchemikalien und entfernt sich von den chemischen Massenprodukten, die das Unternehmen nach der Abspaltung von Bayer noch im Portfolio hatte. Altana hat seinen Pharmazweig abgespalten (gehört jetzt zu Nycomed) und bietet in einem sehr kundennahen Geschäft margenstarke Lack- und Beschichtungsprodukte an (z.B. witterungsbeständige Fassaden).

Weitere Wirtschaftsräume

Der Weltchemiemarkt (ohne Pharmaumsätze) hat ein Marktvolumen von rund 2 000 Milliarden Euro. (19)

Die globale Chemiebranche hatte die Wirtschafts- und Finanzkrise früh überwunden und befand sich 2010 wieder auf Wachstumskurs. Bereits zu Beginn des Jahres wurde das Vorkrisenniveau wieder übertroffen. Insgesamt legte die Chemieproduktion um 8,8 Prozent zu (zum Vergleich: die globale Wirtschaftsleistung war im vergangenen Jahr um 3,8 Prozent gewachsen, die Industrieproduktion um zehn Prozent). Im Gesamtjahr 2011 dürfte die globale Chemie voraussichtlich um drei Prozent zulegen. (20)

Europa fiel mit einem Anteil von 24 Prozent an der Weltchemieproduktion erst jüngst auf Platz 2 der Regionen-Rangordnung, noch vor Nordamerika (21 Prozent), aber hinter Asien (45 Prozent), wobei auf China allein 22 Prozent entfallen. (1)

Hohe Wachstumsraten werden künftig in Schwellenländern wie China, Brasilien, Indien und Russland erwartet. Während man für die EU und die USA bis 2020 ein Wachstum der Chemieproduktion von durchschnittlich 1,5 bis zwei Prozent pro Jahr unterstellt, sieht der VCI für China weiterhin Steigerungsraten von jährlich etwa zehn Prozent und für Indien Wachstumsraten von 6,5 Prozent.

Dementsprechend wollen viele Unternehmen dort investieren. Nach einer Umfrage des Verbands der Chemischen Industrie (VCI) wollen rund 40 Prozent der befragten Firmen in diesen Regionen investieren. (6)

Die **USA** waren lange der weltgrößte Absatzmarkt für die Chemie. Doch seit Jahren werden Produktionskapazitäten abgebaut. Zwar erholte sich die Chemieindustrie nach der Krise, doch das Vorkrisenniveau ist noch nicht erreicht. Die Nachfrage wichtiger Abnehmerbranchen wie der Automobilindustrie und der Bauwirtschaft ist noch zu gering. Das Marktvolumen der amerikanischen Chemiebranche legte 2010 um 8,2 Prozent zu und liegt bei rund 550 Milliarden Euro (729,8 Milliarden US-Dollar), schätzt der Fachverband American Chemistry Council (ACC). Der Aufwärtstrend soll sich 2011 mit einer Steigerung von 5,1 Prozent fortsetzen. (20), (21)

Chinas Chemiebranche legte 2010 um 14 Prozent zu, **Südkorea** und **Indien** schafften immerhin 4,5 Prozent. **Japan** hingegen hatte das Vorkrisenniveau noch nicht erreicht; 2010 legte die Produktion nicht zu, angesichts des Erdbebens wird die Erholung noch schwieriger. (20)

In **Europa** befindet sich die Chemieproduktion seit dem zweiten Quartal 2009 wieder auf Wachstumskurs. Das Vorkrisenniveau wurde im

Jahresverlauf 2010 bereits übertroffen. Der europäische Branchenverband Cefic veranschlagt in der europäischen Chemieindustrie für das Jahr 2010 insgesamt ein Produktionswachstum von zehn Prozent. Diese rasche Erholung verdankt Europas Chemiebranche der starken Nachfrage aus Asien und Lateinamerika; die heimische Nachfrage hat keineswegs derart kräftig zugelegt und hinkt noch hinter dem Vorkrisenniveau her. Für das laufende Jahr 2011 stellt der Verband ein moderates Wachstum von 2,5 Prozent in Aussicht. Auch regional gibt es große Unterschiede: Während in den osteuropäischen Ländern und in Deutschland die Chemieproduktion kräftig zulegte, setzte in Südeuropa und in Großbritannien die Erholung nur zögerlich ein. (20), (22)

Trends

Wandel von den Commodities zu den Spezialitäten

Was gestern noch Spezialchemie war, ist heute bereits "commodity". Vor allem in der Grundstoffchemie und der Petrochemie sind starke asiatische Wettbewerber (z.B. saudi-arabische Sabic, chinesische Sinopec) herangewachsen, die vom günstigen Zugang zu Öl und Gas und niedrigen Löhnen profitieren. Die europäischen und nordamerikanischen Anbieter modernisieren ihre Geschäftsmodelle und Strategien. Sie verabschieden sich von der Massenchemie und konzentrieren sich auf die Spezialitätenchemie. Dies ist bei Lanxess, Altana und Merck gut zu beobachten. Auch BASF, DSM, Akzo setzen stärker auf die Chemiespezialitäten und stellen sich entsprechend auf. BASF erwarb die Bauchemie-Sparte von Degussa und die Spezialchemiefirmen Ciba und Cognis. Die europäische Petrochemie hat sich in Unternehmen wie Ineos und Lyondell-Basell formiert. Doch auch die Asiaten streben schon nach höheren Wertschöpfungsstufen mit anspruchsvolleren Produkten. So bietet beispielsweise Sinopec Motoröl und Waschmittel an.

Innovative Forschungsfelder und Energiemanagement

Zu den aktuellen innovativen chemiebezogenen Forschungsfeldern zählen die Nanomaterialien als neue Werkstoffe, die Weiße/Industrielle Biotechnologie und die Pflanzenbiotechnologie. Zur Effizienzsteigerung chemischer Produktionsprozesse sollen innovative Konzepte der Prozessintensivierung wie z.B. Katalyse und Biokatalyse und Mikroreaktionstechnik einen wesentlichen Beitrag leisten. Einen hohen Beitrag will die chemische Forschung und Entwicklung auch beim Energiemanagement leisten. Dabei geht es darum, neue Technologien und Materialien für die Energiespeicherung und Energieumwandlung sowie zur Nutzung alternativer Energiequellen zu entwickeln.

Zahlen & Fakten

Abbildung 1:

Branchenindikatoren Chemie

Wichtige Branchenindikatoren 2010 **inklusive erste Prognosen 2011**	
Gesamtumsatz deutscher Unternehmen	170,6 Milliarden Euro (+17,5 Prozent gegenüber dem Vorjahr)
Prognose für 2011	plus 4 Prozent
Gesamtproduktion	plus 11 Prozent gegenüber dem Vorjahr
Prognose für 2011	plus 2,5 Prozent gegenüber dem Vorjahr
Beschäftigte	414 200 (- 0,5 Prozent)
Export	143,8 Milliarden Euro (+17,5 Prozent)
Import	100,8 Milliarden Euro (+16,5 Prozent)
Außenhandelssaldo	43,8 Milliarden Euro
FuE-Ausgaben	knapp 4 Milliarden Euro ohne Pharma, 9,4

	Milliarden Euro inklusive Pharma
Sachanlageinvestitionen	6,4 Mrd. Euro (+5,1 Prozent)
Top 5 der Branche - international	BASF (D), Dow Chemical (USA), Ineos (GB), Lyondell-Basell (USA), Shell (GB)
Top 5 der Branche - Deutschland	BASF, Bayer, Evonik, Henkel, Linde

Quelle: Verband der Chemischen Industrie e.V. (VCI), UnternehmensangabenEntnommen aus: www.vci.de, GBI-Genios eigene Zusammenstellung

Abbildung 2: Fein- und Spezialchemikalien mit größtem Anteil

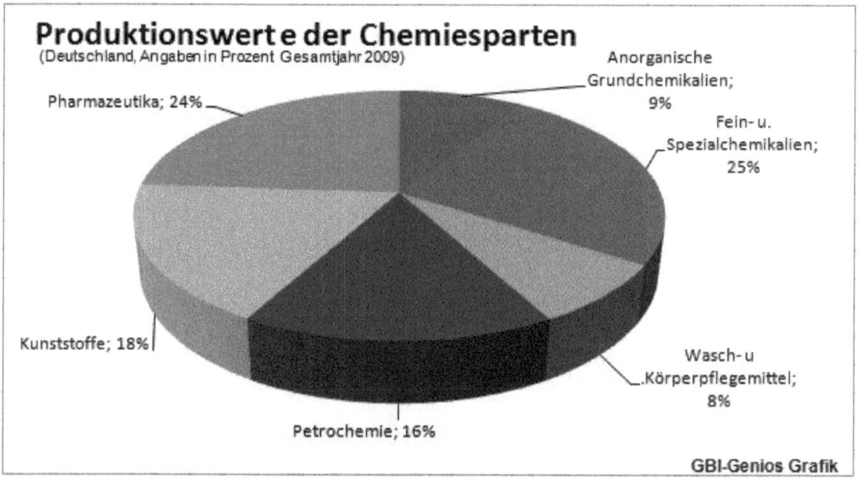

Quelle: Verband der Chemischen Industrie (VCI)

Entnommen aus: Branchenporträt der deutschen chemisch-pharmazeutischen Industrie 2010 (7)

Abbildung 3: Top große Chemieunternehmen nach Umsatz weltweit 2009

Chemieunternehmen	**Land**	**Umsatz 2009 in Milliarden Euro** ****
BASF	Deutschland	50,7
Ineos *	Großbritannien	35,0
Dow Chemical	USA	32,3
Bayer	Deutschland	31,2
Reliance Industries **	Indien	23,2
Lyondell-Basell ***	Niederlande	21,9
Mitsubishi Chem.	Japan	20,7
Sabic	Saudi-Arabien	19,8
Dupont	USA	18,8
Akzo Nobel	Niederlande	13,9
Evonik Industries	Deutschland	13,1
Sumitomo	Japan	12,7
Air Liquide	Frankreich	12,0
Linde	Deutschland	11,2

* Umsatz eigene Angaben

** Umsatz des Geschäftsjahres 2008/2009.

*** Seit 2008 unter Gläubigerschutz.

**** Dollarkurse umgerechnet mit dem Durchschnittskurs der EZB für 2009.

Quelle: Bloomberg

Entnommen aus: Frankfurter Allgemeine Zeitung, 30.04.2010, S. 21 (15)

Weiterführende Literatur

(1) Branchenporträt. Auf einen Blick: Chemische Industrie 2010 von 2011
aus Frankfurter Allgemeine Zeitung, 11.02.2011, S. 19

(2) Ausführungen von Herrn Dr. Klaus Engel, Präsident des Verbandes der Chemischen Industrie (VCI) am 14. Dezember 2010 vor der Presse in Frankfurt vom 14.12.2010
aus Frankfurter Allgemeine Zeitung, 11.02.2011, S. 19

(3) FAKTEN UND STANDPUNKTE. Deutschland ist starker Forschungsstandort für Chemie/Pharma von Januar 2011
aus Frankfurter Allgemeine Zeitung, 11.02.2011, S. 19

(4) Die Chemie wächst weiter, aber wesentlich

langsamer vom 14.12.2010
aus Frankfurter Allgemeine Zeitung, 11.02.2011, S. 19

(5) Chemieindustrie schaltet auf Normalbetrieb
aus Frankfurter Allgemeine Zeitung, 03.03.2011, Nr. 52, S. 14

(6) Chemieindustrie investiert kräftig
aus Handelsblatt Nr. 044 vom 03.03.2011 Seite 30

(7) Branchenporträt der deutschen chemisch-pharmazeutischen Industrie 2010 von 2010
aus Handelsblatt Nr. 044 vom 03.03.2011 Seite 30

(8) Chemikalien Veredelung direkt an der Quelle
aus HANDELSBLATT online 02.08.2010 17:08:18

(9) Plastikengpass bedroht die Industrie
aus Handelsblatt Nr. 037 vom 22.02.2011 Seite 26

(10) Deutschland bleibt Europas Kunststoffhochburg
aus Handelsblatt Nr. 037 vom 22.02.2011 Seite 26

(11) Kunststoff und Innovation
aus Handelsblatt Nr. 037 vom 22.02.2011 Seite 26

(12) Chemiehandel: Krise überwunden, aber Sorge um die Zukunft
aus CHEManager 6/2011

(13) Konsolidierungsschub in der Chemie
aus Handelsblatt Nr. 047 vom 08.03.2011 Seite 20

(14) Die 20 umsatzstärksten deutschen Chemieunternehmen von Juli 2010

aus Handelsblatt Nr. 047 vom 08.03.2011 Seite 20

(15) D, International: Top große Chemieunternehmen nach Umsatz 2009
aus Frankfurter Allgemeine Zeitung, 30.04.2010, S. 21

(16) Finanzdaten vom 10.03.2011
aus Frankfurter Allgemeine Zeitung, 30.04.2010, S. 21

(17) Bayer investiert kräftig in den Zukunftsmarkt China
aus Frankfurter Allgemeine Zeitung, 10.12.2010, Nr. 288, S. 15

(18) Kennzahlen vom 28.02.2011
aus Frankfurter Allgemeine Zeitung, 10.12.2010, Nr. 288, S. 15

(19) Weltweiter Branchenausblick 2011 - ANHANG
aus PRI

(20) Mit Rückenwind ins internationale Jahr der Chemie
aus CHEManager 5/2011

(21) Branche kompakt - Chemie-, chemische Industrie - USA, 2011
aus de.init.bfai.fachdb.model.Mkt

(22) EU chemicals sector output to moderate next year compared with robust 2010 vom 07.12.2010
aus de.init.bfai.fachdb.model.Mkt

(23) Erzeugung von Kunststoff inDeutschland 2008 bis

2010
aus de.init.bfai.fachdb.model.Mkt

Impressum

Branchenreport CHEMIE & KUNSTSTOFFE Ausgabe 1/2011

Bibliografische Information der deutschen Nationalbibliothek

Die Deutsche Nationalbibliothek verzeichnet diese Publikation in der deutschen Nationalbibliografie; detaillierte bibliografische Daten sind im Internet über http://dnb.d-nb.de abrufbar.

ISBN: 978-3-7379-1871-8

oder ähnliche Einrichtungen und die Einspeicherung und Verarbeitung in elektronischen Systemen.